www.ingramcontent.com/pod-product-compliance
Lightning Source LLC
Chambersburg PA
CBHW081717280726
48658CB00022BA/2560
9781724403773